CÓMO FOMENTAR LA CONFIANZA EN LOS NIÑOS

Estrategias comprobadas para desarrollar resiliencia, autoestima, fomentar la confianza y el éxito en el mundo competitivo de hoy

ALINA ROBERTSON

Descargo de responsabilidad

La información proporcionada en este libro tiene fines educativos e informativos únicamente y no pretende sustituir el asesoramiento, diagnóstico o tratamiento médico profesional. Siempre busque el consejo de su médico u otro proveedor de atención médica calificado si tiene alguna pregunta sobre una afección médica. El autor y editor de este libro no son responsables de ningún efecto adverso o consecuencia resultante del uso de la información aquí presentada. Los lectores asumen total responsabilidad por sus propias acciones y decisiones.

TABLA DE CONTENIDO

Introducción

En el camino de la crianza y el cuidado, uno de los regalos más profundos que podemos ofrecer a los niños es el desarrollo de la confianza. "Cómo desarrollar la confianza en los niños" es su guía para comprender y cultivar esta cualidad esencial en las mentes jóvenes confiadas a su cuidado.

Comprender la importancia de la confianza en los niños

La confianza es la piedra angular sobre la que los niños construyen su futuro. Es más que una mera seguridad en uno mismo; es la base de la confianza en uno mismo lo que les permite afrontar los desafíos de la vida con resiliencia y determinación. He aquí por qué la confianza es crucial para los niños:

1. **Excelencia académica:** Los niños seguros de sí mismos abordan el aprendizaje con entusiasmo y

curiosidad. Aceptan voluntariamente nuevas ideas, hacen preguntas y participan activamente en el proceso de aprendizaje, lo que les lleva al éxito académico y a un amor por el aprendizaje que durará toda la vida.

2. **Florecimiento social:** la confianza permite a los niños formar conexiones significativas con sus compañeros, comunicarse de manera efectiva y navegar las interacciones sociales con facilidad. Se afirman, expresan pensamientos y sentimientos y forjan relaciones positivas basadas en el respeto y la comprensión mutuos.

3. **Aceptando los desafíos:** Los niños seguros de sí mismos ven los desafíos como oportunidades de crecimiento y aprendizaje. Demuestran resiliencia, perseverancia y voluntad de volver a intentarlo, incluso cuando se enfrentan a reveses o fracasos.

4. **Búsqueda de metas** : con la confianza como base, los niños se animan a establecer metas ambiciosas y trabajar diligentemente para lograrlas. Poseen la confianza en sí mismos y la determinación necesarias para superar los obstáculos y convertir sus sueños en realidad.

5. **Autoimagen positiva:** La confianza fomenta una autoimagen positiva y un fuerte sentido de autoestima en los niños. Reconocen y aprecian sus fortalezas y talentos únicos, celebran sus logros y abordan la vida con optimismo y seguridad en sí mismos.

Comprender la importancia de la confianza sienta las bases para apoyar eficazmente a los niños en su viaje de autodescubrimiento y crecimiento.

Comprender la confianza

La confianza es un atributo poderoso que influye en casi todos los aspectos de la vida de un niño. Da forma a sus creencias, actitudes y comportamientos y, en última instancia, impacta su éxito académico, sus interacciones sociales y su bienestar general. En esta sección, exploraremos lo que realmente significa la confianza y por qué los niños necesitan desarrollarla.

Definición de confianza y sus componentes

La confianza a menudo se describe como una creencia en uno mismo y en sus capacidades. Es la convicción interior de que puedes alcanzar tus objetivos y superar obstáculos. Sin embargo, la confianza no es un rasgo estático; es dinámico y puede variar en diferentes situaciones y contextos.

La confianza comprende varios componentes, cada uno de los cuales contribuye al sentido general de seguridad en sí mismo del niño:

1. **Autoeficacia:** Esto se refiere a la creencia de un niño en su capacidad para realizar tareas u objetivos específicos. Cuando los niños tienen una alta autoeficacia, se sienten competentes para afrontar desafíos, lo que conduce a una mayor motivación y rendimiento.

2. **Autoimagen:** La autoimagen abarca cómo los niños se perciben a sí mismos y su valor. Una autoimagen positiva implica aceptarse a uno mismo, reconocer las propias fortalezas y debilidades y sentirse cómodo en su propia piel.

3. **Autoestima:** La autoestima se relaciona con la evaluación general que hace un niño de su valor y valor como

persona. Refleja su sentido de autoestima y juega un papel crucial en la configuración de sus niveles de confianza.

4. **Autoconfianza:** La confianza en uno mismo es la creencia en la propia capacidad para tener éxito en diversas situaciones. Implica confianza en uno mismo, voluntad de asumir riesgos y resiliencia para recuperarse de los reveses.

Cuando estos componentes se alinean armoniosamente, los niños desarrollan un sólido sentido de confianza que les permite afrontar los desafíos de la vida con valentía y resiliencia. Sin embargo, es esencial reconocer que la confianza no es un rasgo fijo y puede fluctuar con el tiempo. Los factores externos, como las experiencias, los comentarios de otros y las influencias ambientales, pueden afectar los niveles de confianza de un niño.

Los beneficios de generar confianza en los niños

Desarrollar la confianza en los niños genera innumerables beneficios que se extienden mucho más allá de sus circunstancias inmediatas. Estas son algunas de las ventajas clave de fomentar la confianza en las mentes jóvenes:

1. **Rendimiento académico mejorado:** los niños seguros de sí mismos abordan el aprendizaje con entusiasmo y curiosidad. Participan activamente en actividades de clase, participan en debates y asumen riesgos académicos. Como resultado, a menudo sobresalen académicamente y desarrollan un amor por el aprendizaje que durará toda la vida.

2. **Habilidades sociales mejoradas:** la confianza permite a los niños navegar en las interacciones sociales con

facilidad y gracia. Los niños seguros de sí mismos tienen más probabilidades de iniciar conversaciones, afirmarse en entornos grupales y forjar relaciones positivas con sus compañeros. Demuestran empatía, amabilidad y respeto hacia los demás, fomentando un entorno social solidario e inclusivo.

3. **Mayor resiliencia:** La confianza dota a los niños de la resiliencia necesaria para superar obstáculos y reveses. Los niños seguros de sí mismos ven los desafíos como oportunidades de crecimiento y aprendizaje en lugar de barreras insuperables. Se recuperan del fracaso con determinación y optimismo, emergiendo más fuertes y resilientes que antes.

4. **Mayor independencia:** la confianza fomenta la independencia y la autonomía en los niños. Los niños seguros confían en sus capacidades y juicio, lo que les permite tomar

decisiones y tomar iniciativa en diversos aspectos de sus vidas. Es más probable que persigan sus intereses, exploren nuevas oportunidades y tracen su camino hacia el éxito.

5. **Autoimagen positiva:** La confianza fomenta una autoimagen positiva y un fuerte sentido de autoestima en los niños. Los niños seguros reconocen y aprecian sus cualidades, talentos y contribuciones únicos. Aceptan su individualidad y celebran sus logros, cultivando un sano sentido de autoestima y autoaceptación.

Al fomentar la confianza en los niños, los empoderamos para que alcancen su potencial y prosperen en todos los aspectos de sus vidas. Como cuidadores y educadores, desempeñamos un papel vital a la hora de infundir confianza en los niños confiados a nuestro cuidado. A través del estímulo, el apoyo y el refuerzo positivo, podemos ayudar a los niños a desarrollar la confianza en sí mismos y la resiliencia necesarias para superar los desafíos y perseguir sus sueños con confianza y determinación.

Identificar los desafíos a la confianza

A medida que los niños recorren el camino del crecimiento, encuentran varios obstáculos que pueden obstaculizar el desarrollo de la confianza. Comprender estos desafíos es crucial para los padres, educadores y cuidadores, ya que les permite brindar apoyo y orientación específicos para ayudar a los niños a superar estos obstáculos. En esta sección, exploraremos los obstáculos comunes que enfrentan los niños y los factores externos que impactan el desarrollo de la confianza.

Obstáculos comunes que enfrentan los niños

1. **Miedo al fracaso:** El miedo al fracaso es un desafío generalizado que puede afectar significativamente la confianza de un niño. Los niños pueden

evitar probar cosas nuevas o correr riesgos por miedo a no tener éxito. Este miedo puede surgir de la presión para tener un buen desempeño académico, social o en actividades extracurriculares.

2. **Comparación con sus pares:** en la sociedad competitiva actual, los niños a menudo están sujetos a comparaciones con sus pares. Ya sean logros académicos, habilidades atléticas o popularidad social, los niños pueden sentirse inadecuados cuando perciben que no están a la altura de los demás. Esta comparación constante puede erosionar su confianza y autoestima con el tiempo.

3. **Diálogo interno negativo:** Los niños no son inmunes al diálogo interno negativo, internalizando comentarios críticos o despectivos hechos por otros o por ellos mismos. El diálogo interno negativo puede socavar su confianza y

generar sentimientos de inseguridad e inutilidad. Es esencial ayudar a los niños a reconocer y desafiar estos pensamientos negativos, reemplazándolos con afirmaciones positivas y autoestímulo.

4. **Perfeccionismo:** Algunos niños pueden tener dificultades con el perfeccionismo, estableciendo estándares increíblemente altos para sí mismos y volviéndose demasiado críticos cuando no los cumplen. El perfeccionismo puede crear un círculo vicioso de dudas y ansiedad, impidiendo que los niños corran riesgos o prueben cosas nuevas por miedo a no ser perfectos.

5. **Bullying y presión de grupo:** El acoso y la presión de grupo pueden tener un impacto devastador en la confianza y la autoestima de un niño. Los niños que sufren acoso pueden interiorizar mensajes negativos sobre sí

mismos, lo que les genera sentimientos de vergüenza, aislamiento e insuficiencia. De manera similar, la presión de los compañeros para que se ajuste a ciertos comportamientos o estándares puede socavar el sentido de identidad y autenticidad del niño.

6. **Falta de un entorno de apoyo:** la falta de apoyo de los padres, cuidadores o educadores también puede obstaculizar el desarrollo de la confianza en los niños. Cuando los niños no se sienten valorados, respetados o alentados en su entorno, es posible que les cueste creer en sí mismos y en sus capacidades.

Factores externos que afectan el desarrollo de la confianza

1. **Influencia de los padres:** Los padres desempeñan un papel importante en la configuración de los niveles de confianza de sus hijos. La participación, el estímulo y el apoyo

positivos de los padres pueden reforzar la confianza en sí mismo y la resiliencia de un niño. Por el contrario, los estilos de crianza demasiado críticos o exigentes pueden socavar la confianza y contribuir a sentimientos de insuficiencia.

2. **Entorno educativo:** El entorno escolar desempeña un papel crucial en la formación de la confianza y la autoestima de los niños. Los docentes comprensivos, las relaciones positivas con los compañeros y las oportunidades de éxito pueden aumentar los niveles de confianza, mientras que la falta de apoyo o un clima escolar negativo pueden erosionar la confianza y la motivación.

3. **Medios y sociedad:** las representaciones de los medios y las expectativas sociales pueden afectar las percepciones que los niños tienen de sí mismos y de su valor. Los estándares

de belleza poco realistas, los estereotipos de género y las representaciones del éxito pueden moldear las creencias de los niños sobre lo que significa tener confianza y éxito.

4. **Influencias comunitarias y culturales:** Las normas culturales, las tradiciones y los valores comunitarios pueden influir profundamente en la confianza de los niños. Los niños de comunidades marginadas o subrepresentadas pueden enfrentar desafíos únicos relacionados con la identidad, la pertenencia y la aceptación, lo que afecta su confianza y autoestima.

5. **Experiencias traumáticas:** Los niños que experimentan traumas o experiencias infantiles adversas pueden tener problemas de confianza derivados de sentimientos de inseguridad, miedo o vergüenza. Es esencial brindar apoyo y

recursos informados sobre el trauma para ayudar a estos niños a sanar y reconstruir su confianza.

Identificar y abordar estos desafíos y factores externos es esencial para ayudar a los niños a desarrollar confianza y resiliencia. Al crear un entorno propicio y enriquecedor, ofrecer aliento y validación, y enseñarles habilidades de afrontamiento y autocompasión, podemos capacitar a los niños para que superen obstáculos y prosperen con confianza.

Construyendo una base para la confianza

Como padre, cuidador o educador, usted tiene el poder de sentar las bases para la confianza y la confianza en sí mismo de su hijo. Construir una base sólida para la confianza comienza con la creación de un ambiente de apoyo en el hogar y el fomento de la autoestima y la imagen positiva de sí mismo de su hijo. En esta sección, exploraremos estrategias y técnicas prácticas para ayudarlo a fomentar la confianza en los niños bajo su cuidado.

Crear un entorno de apoyo en casa

1.	**Amor y aceptación incondicionales:** Muestre a su hijo amor y aceptación incondicionales, independientemente de sus logros o defectos. Hágales saber que son valorados y amados por lo que son, no sólo por lo que hacen.

2. **Estímulo y refuerzo positivo:** Aliente los esfuerzos y logros de su hijo, sin importar cuán grandes o pequeños sean. Ofrezca elogios específicos y refuerzo positivo para desarrollar su confianza y autoestima.

3. **Comunicación abierta:** crear un entorno donde se fomente y valore la comunicación abierta. Escuche los pensamientos, sentimientos y preocupaciones de su hijo sin juzgarlo y ofrézcale apoyo y orientación cuando sea necesario.

4. **Establecer expectativas realistas:** Evite poner expectativas poco realistas o presionar a su hijo para que sobresalga en todos los aspectos de su vida. En lugar de eso, concéntrate en establecer metas realistas y celebrar su progreso y logros a lo largo del camino.

5. **Modelar la confianza:** Sea un modelo positivo para su hijo demostrando confianza y seguridad en sí mismo en sus acciones y comportamientos. Muéstreles que está bien cometer errores, aprenda de ellos y anímelos a hacer lo mismo.

6. **Crear un espacio seguro y de apoyo:** Fomente un ambiente hogareño seguro y de apoyo donde su hijo se sienta cómodo expresándose y asumiendo riesgos. Anímelos a explorar sus intereses y pasiones sin temor a ser juzgados o criticados.

Fomentar la autoestima y la autoimagen positiva

1. **Promover el autodescubrimiento:** anime a su hijo a explorar sus intereses, talentos y pasiones para ayudarlo a descubrir sus fortalezas y generar confianza en sus habilidades.

2. **Celebrar la individualidad:** Celebre las cualidades, talentos y logros únicos de su hijo y anímelo a abrazar su individualidad. Ayúdelos a reconocer y apreciar las cosas que los hacen especiales.

3. **Ofrezca comentarios constructivos:** brinde comentarios constructivos para ayudar a su hijo a aprender y crecer, pero tenga en cuenta cómo los brinda. Concéntrese en resaltar sus fortalezas y ofrecer orientación para mejorar de manera solidaria y alentadora.

4. **Fomentar el diálogo interno positivo** : enséñele a su hijo a utilizar el diálogo interno positivo y las afirmaciones para combatir los pensamientos negativos y generar confianza. Anímelos a reemplazar las dudas con ánimo propio y recuérdeles sus capacidades.

5. **Enseñar habilidades de afrontamiento:** Equipe a su hijo con estrategias y habilidades de afrontamiento para ayudarlo a superar los desafíos y contratiempos. Enséñeles cómo resolver problemas, afrontar el estrés y recuperarse del fracaso con resiliencia y determinación.

6. **Cultivar la gratitud y la atención plena:** Fomente un sentido de gratitud y atención plena en su hijo animándolo a concentrarse en el momento presente y apreciar las bendiciones de su vida. Ayúdelos a cultivar una actitud positiva y resiliencia ante la adversidad.

Al crear un ambiente de apoyo en el hogar y fomentar la autoestima y la imagen positiva de sí mismo de su hijo, está sentando las bases para su confianza y éxito en la vida. Su amor, aliento y guía les permitirán afrontar los desafíos de la vida con resiliencia,

optimismo y una confianza
inquebrantable en sí mismos.

Técnicas de comunicación efectiva

La comunicación eficaz es clave para construir relaciones sólidas y positivas con los niños y fomentar su confianza y autoestima. Al comunicarse de manera efectiva, puede crear un ambiente de apoyo y cariño donde los niños se sientan valorados, escuchados y comprendidos. En esta sección, exploraremos técnicas prácticas para comunicarnos positivamente con los niños y fomentar la apertura y la expresividad.

Comunicarse positivamente con los niños

1. **Utilice lenguaje positivo:** elija palabras y frases que sean positivas y edificantes al hablar con los niños. Evite el uso de lenguaje negativo o críticas,

ya que esto puede socavar su confianza y autoestima. En su lugar, concéntrese en resaltar sus fortalezas y ofrecer aliento y elogios por sus esfuerzos y logros.

2. **Escucha activa:** Practique la escucha activa cuando se comunique con los niños, lo que implica prestarles toda su atención, mantener contacto visual y mostrar interés genuino en lo que tienen que decir. Escuche sin interrumpir y valide sus sentimientos y experiencias para que se sienta escuchado y comprendido.

3. **Sea empático:** muestre empatía y comprensión hacia los pensamientos, sentimientos y experiencias de los niños. Ponte en su lugar y trata de ver las cosas desde su perspectiva. Reconoce sus emociones y valida sus experiencias, incluso si no necesariamente estás de acuerdo con ellas.

4. **Proporcione comentarios constructivos:** cuando ofrezca comentarios u orientación, concéntrese en brindar críticas constructivas que sean específicas, prácticas y alentadoras. Evite las críticas duras o los juicios negativos, ya que pueden ser desmoralizantes y socavar la confianza. En su lugar, ofrezca sugerencias para mejorar y elogie sus esfuerzos y avances.

5. **Fomente la independencia:** capacite a los niños para que se expresen y tomen sus propias decisiones fomentando la independencia y la autonomía. Ofrezca orientación y apoyo cuando sea necesario, pero permítales la libertad de explorar sus intereses, tomar decisiones y aprender de sus experiencias.

6. **Sea accesible:** cree un entorno en el que los niños se sientan cómodos

acercándose a usted con sus pensamientos, inquietudes y preguntas. Sea accesible y de mente abierta, y fomente la comunicación abierta siendo receptivo a sus ideas y opiniones.

Fomentar la apertura y la expresividad

1. **Cree un espacio seguro:** fomente un entorno donde los niños se sientan seguros al expresarse sin temor a ser juzgados o criticados. Cree líneas abiertas de comunicación y hágales saber que pueden acudir a usted con cualquier cosa, sin importar cuán grande o pequeña sea.

2. **Validar los sentimientos:** Validar los sentimientos y emociones de los niños reconociéndolos y aceptándolos sin juzgarlos. Hágales saber que está bien sentir una variedad de emociones y que usted está allí para apoyarlos en cualquier situación que puedan estar experimentando.

3. **Fomente la autoexpresión:** anime a los niños a expresarse creativamente a través del arte, la escritura, la música u otras formas de autoexpresión. Bríndeles oportunidades para que exploren sus intereses y pasiones y se expresen de manera significativa.

4. **Modele la apertura:** Sea un modelo a seguir de apertura y expresividad compartiendo sus pensamientos, sentimientos y experiencias con sus hijos de una manera respetuosa y apropiada para su edad. Demuestre habilidades de comunicación saludables y anímelos a hacer lo mismo.

5. **Compromiso activo:** participe activamente con los niños en conversaciones y actividades que promuevan la apertura y la expresividad. Haga preguntas abiertas, escuche activamente sus respuestas y participe en debates significativos que

los animen a compartir sus pensamientos y sentimientos.

6. **Respete los límites:** respete los límites y el espacio personal de los niños y evite presionarlos para que compartan más de lo que se sienten cómodos. Hágales saber que pueden establecer límites y que se respetará su privacidad.

Al comunicarse positivamente con los niños y fomentar la apertura y la expresividad, se crea un ambiente de apoyo y cariño donde se sienten valorados, escuchados y comprendidos. Sus esfuerzos por fomentar habilidades de comunicación saludables permitirán a los niños expresarse con confianza y desarrollar relaciones sólidas y positivas con los demás.

Fomentar la independencia y la resiliencia

Fomentar la independencia y la resiliencia en los niños es esencial para su crecimiento y desarrollo general. Al fomentar la independencia en la toma de decisiones y enseñar habilidades de afrontamiento y resiliencia, se capacita a los niños para afrontar los desafíos de la vida con confianza y adaptabilidad. En esta sección, exploraremos estrategias prácticas para promover la independencia y la resiliencia en los niños bajo su cuidado.

Fomentar la independencia en la toma de decisiones

1. **Ofrezca opciones:** brinde a los niños oportunidades para tomar decisiones y realizar elecciones en su vida diaria. Ofrézcales una variedad de opciones y permítales seleccionar sus preferencias. Esto podría ser tan simple como elegir

qué ponerse, qué desayunar o qué actividad hacer después de la escuela.

2. **Fomente la resolución de problemas:** anime a los niños a resolver problemas y superar obstáculos de forma independiente. En lugar de intervenir inmediatamente para ofrecer soluciones, haga preguntas abiertas que los impulsen a pensar críticamente y proponer soluciones. Esto ayuda a desarrollar sus habilidades para resolver problemas y la confianza en sus habilidades.

3. **Brinde orientación y apoyo:** si bien es importante fomentar la independencia, brinde orientación y apoyo cuando sea necesario. Ofrezca asistencia y consejos cuando los niños enfrenten desafíos o tomen decisiones difíciles, pero capacítelos para que, en última instancia, tomen sus propias decisiones.

4. **Celebre los éxitos:** Celebre los éxitos y logros de los niños, por pequeños que sean. Reconozca sus esfuerzos y elogie sus habilidades para tomar decisiones, reforzando su confianza y sentido de autonomía.

5. **Permitir errores:** anime a los niños a aceptar el fracaso como una parte natural del proceso de aprendizaje. Ayúdelos a comprender que cometer errores está bien y que es una oportunidad para aprender y crecer. Fomentar una mentalidad de crecimiento enfatizando la importancia de la perseverancia y la resiliencia frente a los reveses.

6. **Aumente gradualmente la responsabilidad:** Aumente gradualmente las responsabilidades y la independencia de los niños a medida que crecen y demuestran que están preparados. Deles tareas y quehaceres apropiados para su edad para que los

completen de forma independiente, como ordenar su habitación, preparar sus refrigerios o realizar sus tareas.

Enseñar habilidades de afrontamiento y resiliencia

1. **Regulación emocional:** Enseñe a los niños formas saludables de gestionar sus emociones y afrontar el estrés. Anímelos a practicar la respiración profunda, la atención plena u otras técnicas de relajación cuando se sientan abrumados o ansiosos. Ayúdelos a identificar y etiquetar sus emociones y a validar sus sentimientos sin juzgarlos.

2. **Habilidades para resolver problemas:** Enseñe a los niños habilidades efectivas para resolver problemas para ayudarlos a superar desafíos y contratiempos. Anímelos a dividir los problemas en pasos manejables, pensar en posibles soluciones y evaluar las consecuencias

de cada opción. Capacítelos para tomar medidas e implementar la solución elegida.

3. **Fomente la flexibilidad:** fomente la flexibilidad y la adaptabilidad en los niños ayudándolos a comprender que la vida está llena de giros inesperados. Anímelos a abordar situaciones nuevas con una mente abierta y la voluntad de adaptarse a circunstancias cambiantes.

4. **Construya una red de apoyo:** ayude a los niños a cultivar conexiones sociales sólidas y relaciones de apoyo con familiares, amigos, maestros y otros adultos de confianza. Fomente la comunicación abierta y brinde oportunidades para que los niños busquen ayuda y apoyo cuando sea necesario.

5. **Diálogo interno positivo:** Enseñe a los niños a cultivar un diálogo interno positivo y a desafiar los pensamientos y

creencias negativos. Anímelos a reemplazar las dudas con autocompasión y optimismo, recordándoles sus fortalezas y habilidades.

6. **Modelar la resiliencia:** ser un modelo positivo de resiliencia demostrando habilidades de afrontamiento saludables y perseverancia frente a la adversidad. Comparta sus propias experiencias de superación de desafíos y reveses, y resalte la importancia de la resiliencia para lograr el éxito.

Al fomentar la independencia en la toma de decisiones y enseñar habilidades de afrontamiento y resiliencia, usted equipa a los niños con las herramientas y la confianza que necesitan para afrontar los desafíos de la vida con resiliencia y adaptabilidad. Su orientación y apoyo desempeñan un papel vital para ayudar a los niños a desarrollar las habilidades y la mentalidad necesarias para prosperar en un mundo en constante cambio.

Promoción de una mentalidad de crecimiento y establecimiento de objetivos

Fomentar una mentalidad de crecimiento y el establecimiento de objetivos en los niños es crucial para su desarrollo académico y personal. Al inculcar una mentalidad de crecimiento y enseñarles cómo establecer y alcanzar metas realistas, empodera a los niños para que acepten los desafíos, persistan ante los reveses y alcancen su máximo potencial. En esta sección, exploraremos estrategias prácticas para promover una mentalidad de crecimiento y el establecimiento de metas en los niños bajo su cuidado.

Inculcar una mentalidad de crecimiento en los niños

1. **Enfatice el esfuerzo y la perseverancia:** enséñeles a los niños que el éxito no está determinado

únicamente por el talento o la inteligencia innatos, sino también por el esfuerzo y la perseverancia. Anímelos a aceptar los desafíos como oportunidades de crecimiento y aprendizaje, en lugar de evitarlos por miedo al fracaso.

2. **Proceso de elogio por los resultados:** céntrese en elogiar los esfuerzos, las estrategias y el progreso de los niños en lugar de centrarse únicamente en sus logros. Resalte su arduo trabajo, perseverancia y resiliencia, reforzando la idea de que el éxito proviene del esfuerzo y la mejora continua.

3. **Normalizar los errores y los fracasos:** Ayude a los niños a comprender que cometer errores y experimentar fracasos son partes naturales y esenciales del proceso de aprendizaje. Anímelos a ver los contratiempos como oportunidades para

aprender, crecer y mejorar, en lugar de indicadores de su inteligencia o valor.

4. **Fomente el amor por el aprendizaje:** Fomente el amor por el aprendizaje en los niños fomentando la curiosidad, la exploración y la curiosidad intelectual. Bríndeles oportunidades para que persigan sus intereses, hagan preguntas y participen en experiencias de aprendizaje prácticas que enciendan su pasión por aprender.

5. **Enseñe el poder del todavía:** Presente a los niños el concepto de "todavía", enfatizando que es posible que aún no hayan dominado una habilidad o concepto en particular, pero con esfuerzo y perseverancia, pueden mejorar y lograr sus objetivos con el tiempo.

6. **Modele una mentalidad de crecimiento:** Sea un modelo positivo para una mentalidad de crecimiento

demostrando resiliencia, perseverancia y voluntad de aprender y crecer. Comparta historias de sus desafíos, reveses y éxitos, y resalte la importancia de mantener una actitud positiva y una mentalidad de crecimiento para superar los obstáculos.

Establecer y lograr objetivos realistas

1. **Metas INTELIGENTES:** Enseñe a los niños cómo establecer metas INTELIGENTES: específicas, mensurables, alcanzables, relevantes y con plazos determinados. Ayúdelos a identificar los objetivos específicos que desean alcanzar y divídalos en pasos más pequeños y manejables.

2. **Fomentar la apropiación:** Aliente a los niños a apropiarse de sus metas involucrándolos en el proceso de establecimiento de metas. Ayúdelos a identificar sus fortalezas, intereses y áreas de mejora, y apóyelos en el

establecimiento de metas que se alineen con sus aspiraciones y valores.

3. **Brindar apoyo y orientación:** ofrecer apoyo y orientación para ayudar a los niños a desarrollar planes de acción y estrategias para lograr sus metas. Divida los objetivos grandes en tareas más pequeñas y alcanzables y proporcione recursos, aliento y responsabilidad a lo largo del camino.

4. **Celebre el progreso:** Celebre el progreso y los logros de los niños mientras trabajan para alcanzar sus metas. Reconozca sus esfuerzos e hitos, y elogie su dedicación, perseverancia y resiliencia para superar obstáculos y mantenerse enfocados en sus objetivos.

5. **Ajustarse y adaptarse:** anime a los niños a ser flexibles y adaptables en su proceso de establecimiento de metas. Ayúdelos a reconocer cuándo pueden

ser necesarios ajustes y anímelos a revisar sus objetivos o planes de acción según sea necesario en función de las circunstancias cambiantes o la nueva información.

6. **Reflexionar y aprender:** anime a los niños a reflexionar sobre su progreso y experiencias mientras trabajan para alcanzar sus metas. Ayúdelos a identificar qué salió bien, qué desafíos enfrentaron y qué aprendieron del proceso. Fomentar la autorreflexión y la autoconciencia para fomentar el crecimiento y la mejora continua.

Al promover una mentalidad de crecimiento y el establecimiento de objetivos en los niños, los empodera para que se apropien de su aprendizaje y desarrollo personal. Su orientación y apoyo desempeñan un papel crucial para ayudar a los niños a desarrollar las habilidades, actitudes y hábitos necesarios para establecer metas significativas, superar obstáculos y lograr el éxito en todas las áreas de sus vidas.

Aceptar el fracaso y aprender de los errores

Aceptar el fracaso y aprender de los errores son componentes esenciales del crecimiento y desarrollo personal. Como cuidador o educador, es importante enseñar a los niños que el fracaso no es algo que deba temerse o evitarse, sino más bien aceptarse como una parte natural y necesaria del proceso de aprendizaje. En esta sección, exploraremos estrategias prácticas para normalizar el fracaso como parte del aprendizaje y fomentar la reflexión y la adaptación en los niños.

Normalizar el fracaso como parte del aprendizaje
1. **Reformule el fracaso como retroalimentación:** Ayude a los niños a comprender que el fracaso no es un reflejo de su valor o inteligencia, sino más bien una retroalimentación que

puede ayudarlos a aprender y crecer. Anímelos a ver los reveses como oportunidades para identificar áreas de mejora y desarrollar resiliencia y perseverancia.

2. **Comparta historias personales:** comparta historias de sus propias experiencias con el fracaso y cómo aprendió y creció a partir de ellas. Al normalizar el fracaso y demostrar que todo el mundo experimenta reveses en ocasiones, ayuda a los niños a sentirse menos solos en sus luchas y más empoderados para perseverar frente a la adversidad.

3. **Celebre el esfuerzo y el progreso:** cambie el enfoque de los resultados al esfuerzo y el progreso celebrando el arduo trabajo, la perseverancia y la resiliencia de los niños, independientemente del resultado. Reconozca su disposición a asumir riesgos, probar cosas nuevas y

aprender de sus errores, reforzando la idea de que el esfuerzo y el crecimiento son más importantes que la perfección.

4. **Fomente la toma de riesgos:** cree un entorno de apoyo donde los niños se sientan cómodos asumiendo riesgos y probando cosas nuevas. Anímelos a salir de su zona de confort, desafiarse a sí mismos y perseguir sus pasiones, sabiendo que el fracaso es una parte natural del proceso de aprendizaje.

5. **Proporcione comentarios constructivos:** ofrezca comentarios constructivos que se centren en áreas específicas de mejora y brinden orientación para el éxito futuro. Ayude a los niños a identificar qué salió mal, qué aprendieron de la experiencia y cómo pueden aplicar ese conocimiento en proyectos futuros.

6. **Fomentar la resiliencia:** Enseñar a los niños resiliencia ayudándoles a

desarrollar habilidades y estrategias de afrontamiento para recuperarse del fracaso. Anímelos a mantener una actitud positiva, una mentalidad de crecimiento y perseverar ante los reveses, sabiendo que pueden superar los desafíos y tener éxito a largo plazo.

Fomentar la reflexión y la adaptación

1. **Promover la autorreflexión:** anime a los niños a reflexionar sobre sus experiencias e identificar qué hicieron bien, qué podrían mejorar y qué aprendieron de la situación. Bríndeles indicaciones o ejercicios de diario para ayudarlos a procesar sus pensamientos y emociones y obtener información sobre sus fortalezas y áreas de crecimiento.

2. **Reserve tiempo para la reflexión:** cree tiempo y espacio dedicados a la reflexión y la autoevaluación en las rutinas diarias de los niños. Esto podría

hacerse mediante controles regulares o actividades de reflexión al final del día o de la semana, permitiendo a los niños hacer una pausa, reflexionar y establecer intenciones para el crecimiento futuro.

3. **Fomentar la adaptación:** enseñar a los niños la importancia de adaptarse a circunstancias cambiantes y aprender de sus experiencias. Ayúdelos a identificar estrategias o enfoques alternativos cuando se enfrenten a obstáculos o contratiempos y anímelos a ser flexibles y de mente abierta en la resolución de problemas.

4. **Resalte las oportunidades de aprendizaje:** Ayude a los niños a ver el fracaso como una oportunidad para aprender y crecer en lugar de un obstáculo hacia el éxito. Resalte las valiosas lecciones que pueden extraer de sus experiencias y anímelos a aplicar ese conocimiento a situaciones

futuras, fomentando un ciclo continuo de aprendizaje y mejora.

5. **Modele un comportamiento reflexivo:** Sea un modelo positivo para la reflexión y la adaptación compartiendo abiertamente sus propias experiencias de aprendizaje y crecimiento. Demuestre cómo reflexiona sobre sus éxitos y fracasos, ajuste su enfoque cuando sea necesario y continúe esforzándose por mejorar con el tiempo.

6. **Brinde orientación de apoyo:** Ofrezca orientación y apoyo mientras los niños navegan por el proceso de reflexión y adaptación. Sea paciente y empático mientras luchan con sus emociones y conocimientos, y anímelos y asegúreles que el fracaso es una parte natural del viaje de aprendizaje.

Al normalizar el fracaso como parte del aprendizaje y fomentar la reflexión y la adaptación, ayuda a los niños a desarrollar la resiliencia, la perseverancia y la mentalidad de crecimiento necesarias para prosperar en un mundo en constante cambio. Su apoyo y orientación juegan un papel crucial para ayudar a los niños a aceptar el fracaso como una oportunidad de crecimiento y desarrollar las habilidades y la mentalidad necesarias para superar los obstáculos y lograr el éxito en todas las áreas de sus vidas.

Fomentar la asunción de riesgos y la exploración saludables

Como cuidador o educador, fomentar la exploración y la toma de riesgos saludables es esencial para el desarrollo de los niños. Al lograr un equilibrio entre seguridad y oportunidades de crecimiento y fomentar la curiosidad y la exploración, empodera a los niños para ampliar sus horizontes, generar confianza y desarrollar habilidades críticas para el éxito. En esta sección, exploraremos estrategias prácticas para promover la exploración y la toma de riesgos saludables en los niños.

Equilibrando la seguridad con las oportunidades de crecimiento

1.   **Establezca límites claros:** establezca límites y pautas claros para garantizar la seguridad de los niños y al mismo tiempo permitir la exploración y la asunción de riesgos dentro de esos límites. Comunique claramente las reglas y expectativas y brinde supervisión y orientación según sea necesario para ayudar a los niños a navegar nuevas experiencias de manera segura.

2. **Evaluar riesgos:** evaluar el nivel de riesgo involucrado en diferentes actividades y entornos y tomar las precauciones adecuadas para mitigar los peligros potenciales. Considere factores como la edad, la etapa de desarrollo y las habilidades individuales al determinar el nivel de supervisión y apoyo necesario.

3. **Fomente riesgos calculados:** anime a los niños a asumir riesgos calculados que ofrezcan oportunidades de

crecimiento y aprendizaje y al mismo tiempo garanticen su seguridad. Ayúdelos a evaluar los riesgos y beneficios potenciales de diferentes actividades y a tomar decisiones informadas sobre si proceder o no.

4. **Brinde orientación de apoyo:** Ofrezca orientación de apoyo y aliento mientras los niños atraviesan nuevas experiencias y desafíos. Esté disponible para responder preguntas, brindar tranquilidad y ofrecer asistencia según sea necesario, al tiempo que permite que los niños se apropien de sus decisiones y acciones.

5. **Modele un comportamiento de asunción de riesgos:** Sea un modelo positivo para una asunción de riesgos saludable demostrando su voluntad de probar cosas nuevas, asumir desafíos y salir de su zona de confort. Comparta historias de sus propias experiencias con la asunción de riesgos y la

exploración, destacando las valiosas lecciones que aprendió a lo largo del camino.

6. **Celebre los esfuerzos y el progreso:** Celebre los esfuerzos y el progreso de los niños mientras participan en la exploración y la toma de riesgos saludables, independientemente del resultado. Concéntrese en el proceso más que en el resultado y elogie su coraje, curiosidad y voluntad de salir de su zona de confort.

Fomentar la curiosidad y la exploración

1. **Cree un entorno estimulante:** cree un entorno que estimule la curiosidad de los niños y fomente la exploración. Proporcione una variedad de materiales, recursos y oportunidades para el aprendizaje y el descubrimiento prácticos, y permita que los niños sigan sus intereses y persigan sus pasiones.

2. **Haga preguntas abiertas:** anime a los niños a hacer preguntas, explorar ideas y buscar respuestas a sus curiosidades haciendo preguntas abiertas que generen conversación y pensamiento crítico. Fomente una cultura de indagación y curiosidad animando a los niños a preguntarse, especular e investigar.

3. **Promover el juego al aire libre:** Fomentar el juego y la exploración al aire libre como medio para fomentar la curiosidad y la creatividad. Brinde oportunidades para que los niños exploren entornos naturales, participen en juegos no estructurados y descubran las maravillas del mundo que los rodea.

4. **Apoye los diversos intereses:** respete y apoye los diversos intereses y pasiones de los niños, incluso si pueden diferir de los suyos. Anímelos a realizar actividades y pasatiempos que enciendan su curiosidad y les brinden

alegría, y bríndeles recursos y apoyo para ayudarlos a explorar más sus intereses.

5. **Fomente la asunción de riesgos en el aprendizaje:** Fomente una cultura de experimentación y asunción de riesgos en el aprendizaje creando un espacio seguro donde los niños se sientan cómodos probando cosas nuevas y cometiendo errores. Anímelos a aceptar desafíos, tomar iniciativas y aprender tanto de los éxitos como de los fracasos.

6. **Brinde oportunidades para el aprendizaje práctico:** Ofrezca experiencias de aprendizaje práctico que permitan a los niños interactuar activamente con materiales, manipular objetos y experimentar con diferentes conceptos e ideas. Brinde oportunidades de exploración, descubrimiento y resolución de

problemas que alienten a los niños a pensar de manera creativa y crítica.

Al lograr un equilibrio entre seguridad y oportunidades de crecimiento y fomentar la curiosidad y la exploración, ayuda a los niños a desarrollar la confianza, la resiliencia y las habilidades de pensamiento crítico necesarias para navegar las complejidades del mundo que los rodea. Su apoyo y orientación desempeñan un papel crucial a la hora de fomentar un sentido de asombro y curiosidad en los niños y empoderarlos para aceptar nuevas experiencias y desafíos con entusiasmo y valentía.

Cultivar habilidades sociales y empatía

Como cuidador o educador, cultivar las habilidades sociales y la empatía en los niños es fundamental para su desarrollo personal e interpersonal. Al enseñar cooperación y colaboración y fomentar la empatía y la comprensión de los demás, empodera a los niños para que establezcan relaciones significativas, se comuniquen de manera efectiva y naveguen en las interacciones sociales con amabilidad y compasión. En esta sección, exploraremos estrategias prácticas para promover las habilidades sociales y la empatía en los niños bajo su cuidado.

Cooperación y colaboración docente

1. **Promover el trabajo en equipo:** anime a los niños a trabajar juntos para lograr metas y objetivos comunes

promoviendo el trabajo en equipo y la colaboración. Brinde oportunidades para actividades, proyectos y juegos grupales que requieran cooperación y resolución colectiva de problemas.

2. **Modele el comportamiento cooperativo:** Sea un modelo positivo de cooperación y colaboración demostrando comunicación respetuosa, compromiso y trabajo en equipo en sus interacciones con los demás. Resalte la importancia de trabajar juntos para lograr objetivos compartidos y celebrar los logros colectivos.

3. **Asigne tareas grupales:** asigne tareas o proyectos grupales que requieran que los niños colaboren y contribuyan con sus fortalezas y perspectivas únicas. Anímelos a delegar responsabilidades, comunicarse eficazmente y apoyarse mutuamente para lograr objetivos compartidos.

4. **Fomentar la escucha activa:** Enseñe a los niños la importancia de la escucha activa para fomentar la cooperación y la colaboración. Anímelos a escuchar atentamente las ideas, opiniones y perspectivas de los demás, y a expresar sus pensamientos y sentimientos de manera respetuosa y asertiva.

5. **Resolver conflictos de manera constructiva:** Ayude a los niños a desarrollar habilidades de resolución de conflictos enseñándoles formas constructivas de abordar los desacuerdos y conflictos que puedan surgir durante las actividades grupales. Anímelos a comunicarse abiertamente, escuchar los puntos de vista de los demás y trabajar para lograr soluciones mutuamente satisfactorias.

6. **Celebre el éxito del equipo:** Celebre el éxito de los esfuerzos colaborativos y el trabajo en equipo reconociendo y

elogiando las contribuciones de cada miembro del equipo. Resaltar las fortalezas y logros del grupo en su conjunto, reforzando el valor de la cooperación y la colaboración en la consecución de objetivos compartidos.

Desarrollar la empatía y la comprensión de los demás

1. **Promueva la toma de perspectiva:** anime a los niños a considerar las cosas desde la perspectiva de los demás haciéndoles preguntas como "¿Cómo crees que se sienten?" o "¿Adivina mentalmente qué están experimentando?" Anímelos a sentir empatía por las emociones y experiencias de los demás para desarrollar una comprensión y una apreciación más profundas de sus sentimientos.

2. **Modele un comportamiento empático:** modele un comportamiento empático demostrando bondad,

compasión y empatía en sus interacciones con los demás. Muestre a los niños cómo reconocer y responder a las emociones de los demás con empatía y comprensión, y anímelos a seguir su ejemplo.

3. **Practique la escucha activa:** enseñe a los niños la importancia de la escucha activa para desarrollar la empatía y la comprensión. Anímelos a escuchar atentamente los pensamientos, sentimientos y experiencias de los demás sin juzgarlos ni interrumpirlos, y a validar sus emociones y perspectivas.

4. **Fomente el intercambio de perspectivas:** cree oportunidades para que los niños compartan sus pensamientos, sentimientos y experiencias con otros, y escuchen y aprendan de las perspectivas de sus compañeros. Fomente la comunicación abierta y honesta, y fomente una cultura

de empatía y comprensión dentro del grupo.

5. **Promover acciones empáticas:** anime a los niños a tomar acciones empáticas hacia los demás demostrando bondad, compasión y consideración en sus interacciones. Anímelos a ofrecer apoyo, asistencia y aliento a quienes lo necesitan, y a defender a otros que puedan estar pasando por dificultades o adversidad.

6. **Debatir sobre diversidad e inclusión:** facilitar debates sobre diversidad, inclusión y justicia social para ayudar a los niños a desarrollar empatía y comprensión hacia personas de diferentes orígenes, culturas y perspectivas. Anímelos a abrazar la diversidad y celebrar las cualidades y contribuciones únicas de personas de todos los ámbitos de la vida.

Al enseñar cooperación y colaboración y fomentar la empatía y la comprensión de los demás, ayuda a los niños a desarrollar habilidades sociales e inteligencia emocional esenciales que les serán de gran utilidad a lo largo de sus vidas. Su orientación y apoyo desempeñan un papel crucial a la hora de fomentar su capacidad para construir relaciones positivas, comunicarse de forma eficaz y navegar por las complejidades del mundo social con amabilidad, compasión y empatía.

Afrontar los desafíos y la adversidad

Superar los desafíos y la adversidad es una parte inevitable de la vida y, como cuidador o educador, apoyar a los niños en tiempos difíciles y desarrollar su resiliencia frente a la adversidad es esencial para su bienestar y crecimiento. Al brindarles orientación, aliento y recursos, empodera a los niños para que superen obstáculos, desarrollen habilidades de afrontamiento y emerjan más fuertes y resilientes. En esta sección, exploraremos estrategias prácticas para abordar los desafíos y la adversidad de los niños bajo su cuidado.

Apoyando a los niños en tiempos difíciles

1. **Cree un entorno seguro y de apoyo:** fomente un entorno seguro y de apoyo donde los niños se sientan

cómodos expresando sus pensamientos, sentimientos e inquietudes. Hágales saber que está ahí para escuchar, apoyar y validar sus experiencias sin juzgar ni criticar.

2. **Esté presente y disponible:** Esté disponible para los niños durante tiempos difíciles estando presente, atento y receptivo a sus necesidades. Tómese el tiempo para hablar con ellos periódicamente, pregúnteles cómo se sienten y ofrézcales su apoyo y tranquilidad.

3. **Valide sus sentimientos:** Valide los sentimientos y experiencias de los niños reconociendo y aceptando sus emociones sin juzgarlos. Hágales saber que está bien sentirse triste, enojado o asustado, y asegúreles que usted está allí para apoyarlos en cualquier situación por la que estén pasando.

4. **Fomente la comunicación abierta:** Fomente la comunicación abierta creando oportunidades para que los niños se expresen y compartan sus pensamientos y sentimientos. Sea un oyente compasivo y bríndeles un espacio seguro para hablar sobre sus preocupaciones, miedos y luchas.

5. **Ofrezca apoyo práctico:** ofrezca apoyo práctico para ayudar a los niños a afrontar tiempos difíciles, como brindarles recursos, orientación o derivaciones a servicios de apoyo adicionales si es necesario. Ayúdelos a identificar estrategias de afrontamiento saludables y prácticas de cuidado personal para controlar el estrés y desarrollar la resiliencia.

6. **Modele conductas de afrontamiento saludables:** Sea un modelo positivo de conductas de afrontamiento saludables demostrando resiliencia, optimismo y habilidades

efectivas para resolver problemas en su propia vida. Muestre a los niños cómo afrontar los desafíos con gracia y fuerza, y enfatice la importancia del cuidado personal y de buscar apoyo cuando sea necesario.

Construyendo resiliencia frente a la adversidad

1. **Promover una mentalidad de crecimiento:** Fomente una mentalidad de crecimiento en los niños enfatizando la importancia del esfuerzo, la perseverancia y el aprendizaje de los errores. Anímelos a ver los desafíos como oportunidades de crecimiento y aprendizaje, en lugar de obstáculos que deben temer o evitar.

2. **Fomente las habilidades para resolver problemas:** enséñeles a los niños habilidades para resolver problemas para ayudarlos a afrontar los desafíos y la adversidad de manera efectiva. Anímelos a dividir los

problemas en pasos más pequeños y manejables, a pensar en posibles soluciones y a evaluar las consecuencias de sus acciones.

3. **Desarrollar estrategias de afrontamiento:** Ayude a los niños a desarrollar estrategias de afrontamiento saludables para controlar el estrés y la adversidad. Enséñeles técnicas de relajación como la respiración profunda o la atención plena, fomente la actividad física y la expresión creativa, y bríndeles oportunidades para participar en actividades que les brinden alegría y consuelo.

4. **Construya redes de apoyo social:** anime a los niños a construir redes de apoyo social sólidas fomentando relaciones positivas con familiares, amigos, maestros y otros adultos de confianza. Enséñeles cómo buscar apoyo cuando sea necesario y anímelos a ofrecer apoyo a otros a cambio.

5. **Promover patrones de pensamiento resilientes:** Ayude a los niños a desarrollar patrones de pensamiento resilientes desafiando los pensamientos y creencias negativos y reemplazándolos por otros más positivos y empoderadores. Anímelos a centrarse en sus fortalezas y éxitos pasados, y recuérdeles su capacidad para superar los desafíos y la adversidad.

6. **Celebre la resiliencia:** Celebre la resiliencia y la perseverancia de los niños frente a la adversidad reconociendo sus esfuerzos y logros. Resalte sus fortalezas, resiliencia y crecimiento, y refuerce su creencia en su capacidad para superar desafíos y prosperar.

Al apoyar a los niños en tiempos difíciles y desarrollar su resiliencia frente a la adversidad, los empodera para afrontar los desafíos de la vida con confianza, fuerza y resiliencia. Su orientación, apoyo y aliento desempeñan un papel crucial para ayudar a los niños a desarrollar las habilidades, actitudes y la mentalidad necesarias para superar los obstáculos y emerger más fuertes y resilientes que nunca.

Celebrando los éxitos y el progreso

Celebrar los éxitos y el progreso es vital para la motivación, la autoestima y el bienestar general de los niños. Como cuidador o educador, reconocer y celebrar los logros y reforzar el comportamiento y el esfuerzo positivos son prácticas esenciales que ayudan a los niños a sentirse valorados, motivados y confiados en sus capacidades. En esta sección, exploraremos estrategias prácticas para celebrar los éxitos y el progreso de los niños bajo su cuidado.

Reconocer y celebrar los logros

1. **Reconozca los pequeños logros:** celebre incluso los logros e hitos más pequeños para reforzar los esfuerzos y el progreso de los niños. Ya sea completar una tarea, dominar una nueva habilidad o demostrar un

comportamiento positivo, tómate el tiempo para reconocer y elogiar sus logros.

2. **Cree marcadores de hitos:** configure marcadores de hitos o representaciones visuales del progreso, como tablas, gráficos o pegatinas, para realizar un seguimiento de los logros de los niños a lo largo del tiempo. Celebre alcanzar cada hito con una recompensa o reconocimiento especial para motivar el esfuerzo y el progreso continuos.

3. **Celebrar ceremonias de reconocimiento:** organizar ceremonias o eventos de reconocimiento para honrar públicamente los logros e hitos de los niños. Invite a familiares, amigos o compañeros a unirse a la celebración y compartir sus logros, haciéndolos sentir orgullosos y apoyados.

4. **Reconocimiento personalizado:** Personalice el reconocimiento y la

celebración de los intereses, preferencias y fortalezas de cada niño. Adapte recompensas e incentivos para alinearse con sus objetivos y aspiraciones individuales, demostrando que valora y aprecia sus contribuciones y logros únicos.

5. **Fomente el reconocimiento de los pares:** Fomente una cultura de reconocimiento de los pares animando a los niños a celebrar los éxitos y logros de los demás. Bríndeles oportunidades para ofrecer cumplidos, elogios y aliento a sus compañeros, reforzando el comportamiento positivo y construyendo una comunidad de apoyo.

6. **Celebre el esfuerzo, no solo el resultado:** concéntrese en celebrar el esfuerzo y el progreso en lugar de solo el resultado. Enfatice la importancia del trabajo duro, la perseverancia y la resiliencia para lograr el éxito, y elogie a

los niños por su dedicación y compromiso para alcanzar sus metas.

Reforzar el comportamiento y el esfuerzo positivos

1. **Utilice refuerzo positivo:** refuerce el comportamiento y el esfuerzo positivos con elogios, estímulos y recompensas para motivar el crecimiento y el progreso continuos. Reconozca y celebre los casos de bondad, generosidad, perseverancia y otros comportamientos positivos para reforzar su importancia.

2. **Ofrezca comentarios específicos:** proporcione comentarios específicos y significativos que resalten la conexión entre las acciones de los niños y los resultados positivos que logran. Reconozca los comportamientos o esfuerzos específicos que conducen al éxito y felicítelos por sus contribuciones.

3. **Establezca expectativas claras:** establezca expectativas claras de comportamiento y esfuerzo y comuníqueselas constantemente a los niños. Ayúdelos a comprender qué se espera de ellos y por qué es importante, y bríndeles orientación y apoyo para ayudarlos a cumplir esas expectativas.

4. **Utilice incentivos y recompensas:** ofrezca incentivos y recompensas para reforzar el comportamiento y el esfuerzo positivos y motivar a los niños a seguir progresando hacia sus metas. Utilice una variedad de recompensas, como elogios verbales, privilegios, pegatinas o fichas, para mantener a los niños interesados y motivados.

5. **Fomente la autorreflexión:** anime a los niños a reflexionar sobre su comportamiento y esfuerzo y a reconocer la conexión entre sus acciones y los resultados que logran. Ayúdelos a identificar áreas de mejora y

a establecer objetivos para un crecimiento y desarrollo continuos.

6. **Modele un comportamiento positivo:** Sea un modelo positivo de comportamiento y esfuerzo demostrando amabilidad, perseverancia y una actitud positiva en sus interacciones con los niños. Muéstrales la importancia de asumir la responsabilidad de sus acciones y esforzarse por superarse.

Al reconocer y celebrar los logros y reforzar el comportamiento y el esfuerzo positivos, ayuda a los niños a sentirse valorados, motivados y confiados en sus habilidades. Su aliento y apoyo juegan un papel crucial en el fomento de un ambiente positivo y enriquecedor donde los niños se sientan capacitados para alcanzar su máximo potencial y celebrar sus éxitos a lo largo del camino.

Conclusión

Al concluir su viaje para explorar cómo generar confianza en los niños, es esencial reflexionar sobre los puntos clave discutidos a lo largo de este libro y considerar cómo puede aplicarlos para apoyar a los niños bajo su cuidado. Desde comprender la importancia de la confianza hasta cultivar habilidades sociales y resiliencia, ha obtenido conocimientos valiosos y estrategias prácticas para capacitar a los niños para que prosperen en el mundo actual. En esta sección final, resumiremos los puntos clave cubiertos y ofreceremos algunas reflexiones finales y aliento para inspirarlo en su viaje continuo de fomentar la confianza en los niños.

Resumiendo los puntos clave

A lo largo de este libro, has aprendido:

- La importancia de la confianza en el desarrollo y bienestar general de los niños.

- Cómo definir la confianza y sus componentes, así como los beneficios de generar confianza en los niños.

- Los obstáculos comunes que enfrentan los niños para desarrollar la confianza y los factores externos que afectan su confianza.

- Estrategias para crear un ambiente de apoyo en el hogar, fomentar la autoestima y fomentar la autoimagen positiva.

- Técnicas de comunicación efectivas para comunicarse positivamente con los niños y fomentar la apertura y la expresividad.

- La importancia de fomentar la independencia y la resiliencia en la toma de decisiones y enseñar habilidades de afrontamiento.

- Promover una mentalidad de crecimiento y el establecimiento de objetivos para capacitar a los niños para que acepten los desafíos y alcancen sus aspiraciones.

- Estrategias para acoger el fracaso como parte natural del aprendizaje y fomentar la reflexión y la adaptación.

- Cultivar la exploración y la toma de riesgos saludables equilibrando la seguridad con las oportunidades de crecimiento y fomentando la curiosidad.

- Desarrollar habilidades sociales y empatía a través de la enseñanza de la cooperación, la colaboración y la empatía.

- Afrontar los desafíos y la adversidad apoyando a los niños en tiempos difíciles y fomentando su resiliencia.

- Celebrar los éxitos y el progreso reconociendo los logros y reforzando el comportamiento y el esfuerzo positivos.

Pensamientos finales y aliento

A medida que continúa su camino para ayudar a los niños a desarrollar confianza, recuerde que cada niño es único y puede requerir diferentes enfoques y estrategias. Sea paciente, flexible y compasivo en sus interacciones con los niños, y priorice siempre su bienestar y crecimiento.

Adopte el papel de un modelo positivo, demostrando confianza, resiliencia y empatía en sus acciones y actitudes. Sus palabras y comportamientos tienen un impacto poderoso en el desarrollo y la autopercepción de los niños, así que esfuércese por predicar con el ejemplo e inspirarlos a alcanzar su máximo potencial.

Celebre el progreso y los éxitos de los niños bajo su cuidado, sin importar cuán pequeños sean, y anímelos a celebrar sus logros también. Al fomentar una cultura de positividad, apoyo y aliento, se crea un entorno en el que los niños se sienten valorados, motivados y empoderados para perseguir sus sueños y aspiraciones.

Recuerde que generar confianza en los niños es un proceso continuo que requiere paciencia, dedicación y compromiso. Esté dispuesto a adaptar y desarrollar sus estrategias a medida que aprende y crece junto a los niños bajo su cuidado, y nunca subestime el profundo impacto que puede tener en sus vidas.

Al embarcarse en este viaje, sepa que está marcando una diferencia en las vidas de los niños que toca, ayudándolos a desarrollar la confianza y la resiliencia que necesitan para tener éxito en la escuela, las relaciones y la vida. Sus esfuerzos son invaluables y su dedicación para fomentar la confianza en los niños es verdaderamente encomiable.

Con perseverancia, empatía y un compromiso firme de apoyar el crecimiento y desarrollo de los niños, puede ayudar a forjar un futuro mejor para las generaciones venideras. Gracias por su dedicación y pasión por generar confianza en los niños.